QT 멘토링노트

Blessed is the man who does not walk in the counsel of the wicked
or stand in the way of sinners
or sit in the seat of mockers.

But his delight is in the law of the LORD,
and on his law he meditates day and night.

He is like a tree planted by streams of water,
which yields its fruit in season and whose leaf does not wither.
Whatever he does prospers.

Psalms 1:1~3

복 있는 사람은 악인들의 꾀를 따르지 아니하며
죄인들의 길에 서지 아니하며
오만한 자들의 자리에 앉지 아니하고

오직 여호와의 율법을 즐거워하여
그의 율법을 주야로 묵상하는도다

그는 시냇가에 심은 나무가 철을 따라 열매를 맺으며
그 잎사귀가 마르지 아니함 같으니
그가 하는 모든 일이 다 형통하리로다

시편 1:1~3

QT(경건의 시간^{Quiet Time})는 이렇게!

망망대해에서 돛단배가 나아갈 바를 아는 것은 나침반이 있기 때문입니다. 매일매일 인생의 대해에서 운항하는 우리는 매일 하나님과 더불어 교제하지 않으면 갈 바를 알지 못합니다.

QT(경건의 시간)는, 하나님을 만나는 시간입니다.
그분의 격려와 위로를 맛보며 그분과의 교제를 통해 하나님을 알아 가면, 그분이 깨닫게 하시는 삶의 길을 갈 수가 있습니다. 매일매일의 경건의 시간을 통해서 하나님의 말씀을 듣고 기도하는 가운데 하나님과 동행하며 교제할 것입니다.

다음은 QT(경건의 시간)를 위한 7단계입니다.

1단계 하나님의 말씀을 듣기 위해 준비해야 합니다.

큐티하는 성도는 조용한 시간과 장소를 확보해 일정하고 규칙적인 시간에 말씀을 묵상해야 합니다.

2단계 준비 기도

말씀에 집중할 수 있도록 성령의 인도하심 가운데 말씀을 묵상하고 깨달으며 반응할 수 있도록 마음을 준비하며 기도합니다.

3단계 찬양

마음으로부터 나오는 깊은 찬양을 통해 하나님께 나아갈 수 있는 힘을 얻을 수 있기에 말씀을 묵상하기 전에 찬양하는 것이 좋습니다.

4단계 경건한 성경읽기

오늘의 성경 본문을 천천히, 여러 번 반복해서 기도하는 마음으로, 깨닫게 하시고, 은혜 주시기를 간구하는 마음으로 읽습니다.

관찰-해석-적용의 방법으로 성경을 묵상하는 것이 좋습니다.

"관찰"은 문맥을 따라서 내용을 파악하는 것입니다. 익숙하지 않을 경우에는 「솔라피데 성경묵상법」과 같은 성경묵상 책들을 참고하는 것이 좋습니다.

"해석"은 하나님(성부, 성자, 성령)에 대해 본문이 무엇을 가르쳐주는 지와 본문이 나에게 무엇을 말해주고 있는가를 연구하는 것입니다. 성경공부 교재에서 '묵상을 위한 용어 해설' '전체 개관' '오늘의 말씀' '연구와 묵상' 을 활용하시면 더욱더 풍성한 해석 작업을 할 수 있습니다.

"적용"은 관찰과 해석을 통해 깨달은 진리를 개인의 믿음, 인격, 삶과 연관시키는 것입니다. 효과적이고 올바른 적용을 위해서는 개인적이고, 구체적이고, 실천 가능한 목표와 그 목표를 이루기 위한 방법을 갖는 것이 중요합니다. 자신의 삶에 적용을 위한 실천 계획을 통해 깨달은 진리가 구체적으로 삶 가운데 반영될 수 있도록 한다면, "하나님께서 기뻐하시는 삶"을 살아갈 수 있습니다.

자신이 깨닫고 세운 구체적인 실천 계획들이 곧바로 잊히지 않고 삶 가운데 실천될 수가 있도록 하나님의 도우심을 구하는 기도를 드려야 합니다. 단단히 마음을 먹고 좋은 계획을 세운다고 할지라도 하나님의 도우심 없이는 아무것도 이룰 수 없음을 잊지 말고 기도하며 실천해 나가야 합니다.

자신이 깨달은 말씀을 나누는 것은 말씀을 묵상한 것만큼 중요합니다. 나눔은 하나님 말씀을 통해 깨달은 진리를 자신에게 적용한 것을 가지고 성도들과 함께 나누며 교제하는 시간을 말합니다. 나눔을 통해 서로 힘을 얻고 위로를 얻으며 기도해주는 사랑의 실천이 가능합니다. 가능한 많은 사람들에게 여러분 자신의 큐티를 나누어 주십시오.

매삼주오 성경읽기표 Maesamjuo Everyday Bible

매삼주오는 우리나라의 초대 교회 성도들의 인사!
매일 삼장, 주일 오장 그래서 그 준말로 "매삼주오!"
매일 읽은 말씀은 ☑로 표시하십시오!

✦ 구약 39권

창 세 기	1	2	3	4	5	6	7	8	9	10	11	12	13	14	15	16	17	18	19	20	21	22	23	24
	25	26	27	28	29	30	31	32	33	34	35	36	37	38	39	40	41	42	43	44	45	46	47	48
	49	50																						
출 애 굽 기	1	2	3	4	5	6	7	8	9	10	11	12	13	14	15	16	17	18	19	20	21	22	23	24
	25	26	27	28	29	30	31	32	33	34	35	36	37	38	39	40								
레 위 기	1	2	3	4	5	6	7	8	9	10	11	12	13	14	15	16	17	18	19	20	21	22	23	24
	25	26	27																					
민 수 기	1	2	3	4	5	6	7	8	9	10	11	12	13	14	15	16	17	18	19	20	21	22	23	24
	25	26	27	28	29	30	31	32	33	34	35	36												
신 명 기	1	2	3	4	5	6	7	8	9	10	11	12	13	14	15	16	17	18	19	20	21	22	23	24
	25	26	27	28	29	30	31	32	33	34														
여 호 수 아	1	2	3	4	5	6	7	8	9	10	11	12	13	14	15	16	17	18	19	20	21	22	23	24
사 사 기	1	2	3	4	5	6	7	8	9	10	11	12	13	14	15	16	17	18	19	20	21			
룻 기	1	2	3	4																				
사 무 엘 상	1	2	3	4	5	6	7	8	9	10	11	12	13	14	15	16	17	18	19	20	21	22	23	24
	25	26	27	28	29	30	31																	
사 무 엘 하	1	2	3	4	5	6	7	8	9	10	11	12	13	14	15	16	17	18	19	20	21	22	23	24
열 왕 기 상	1	2	3	4	5	6	7	8	9	10	11	12	13	14	15	16	17	18	19	20	21	22		
열 왕 기 하	1	2	3	4	5	6	7	8	9	10	11	12	13	14	15	16	17	18	19	20	21	22	23	24
	25																							
역 대 상	1	2	3	4	5	6	7	8	9	10	11	12	13	14	15	16	17	18	19	20	21	22	23	24
	25	26	27	28	29																			
역 대 하	1	2	3	4	5	6	7	8	9	10	11	12	13	14	15	16	17	18	19	20	21	22	23	24
	25	26	27	28	29	30	31	32	33	34	35	36												
에 스 라	1	2	3	4	5	6	7	8	9	10														
느 헤 미 야	1	2	3	4	5	6	7	8	9	10	11	12	13											
에 스 더	1	2	3	4	5	6	7	8	9	10														
욥 기	1	2	3	4	5	6	7	8	9	10	11	12	13	14	15	16	17	18	19	20	21	22	23	24
	25	26	27	28	29	30	31	32	33	34	35	36	37	38	39	40	41	42						
시 편	1	2	3	4	5	6	7	8	9	10	11	12	13	14	15	16	17	18	19	20	21	22	23	24
	25	26	27	28	29	30	31	32	33	34	35	36	37	38	39	40	41	42	43	44	45	46	47	48
	49	50	51	52	53	54	55	56	57	58	59	60	61	62	63	64	65	66	67	68	69	70	71	72
	73	74	75	76	77	78	79	80	81	82	83	84	85	86	87	88	89	90	91	92	93	94	95	96
	97	98	99	100	101	102	103	104	105	106	107	108	109	110	111	112	113	114	115	116	117	118	119	120
	121	122	123	124	125	126	127	128	129	130	131	132	133	134	135	136	137	138	139	140	141	142	143	144
	145	146	147	148	149	150																		
잠 언	1	2	3	4	5	6	7	8	9	10	11	12	13	14	15	16	17	18	19	20	21	22	23	24
	25	26	27	28	29	30	31																	
전 도 서	1	2	3	4	5	6	7	8	9	10	11	12												
아 가	1	2	3	4	5	6	7	8																

	1	2	3	4	5	6	7	8	9	10	11	12	13	14	15	16	17	18	19	20	21	22	23	24
이 사 야	1	2	3	4	5	6	7	8	9	10	11	12	13	14	15	16	17	18	19	20	21	22	23	24
	25	26	27	28	29	30	31	32	33	34	35	36	37	38	39	40	41	42	43	44	45	46	47	48
	49	50	51	52	53	54	55	56	57	58	59	60	61	62	63	64	65	66						
예 레 미 야	1	2	3	4	5	6	7	8	9	10	11	12	13	14	15	16	17	18	19	20	21	22	23	24
	25	26	27	28	29	30	31	32	33	34	35	36	37	38	39	40	41	42	43	44	45	46	47	48
	49	50	51	52																				
예레미야애가	1	2	3	4	5																			
에 스 겔	1	2	3	4	5	6	7	8	9	10	11	12	13	14	15	16	17	18	19	20	21	22	23	24
	25	26	27	28	29	30	31	32	33	34	35	36	37	38	39	40	41	42	43	44	45	46	47	48
다 니 엘	1	2	3	4	5	6	7	8	9	10	11	12												
호 세 아	1	2	3	4	5	6	7	8	9	10	11	12	13	14										
요 엘	1	2	3																					
아 모 스	1	2	3	4	5	6	7	8	9															
오 바 댜	1																							
요 나	1	2	3	4																				
미 가	1	2	3	4	5	6	7																	
나 훔	1	2	3																					
하 박 국	1	2	3																					
스 바 냐	1	2	3																					
학 개	1	2																						
스 가 랴	1	2	3	4	5	6	7	8	9	10	11	12	13	14										
말 라 기	1	2	3	4																				

✦ 신약 27권

	1	2	3	4	5	6	7	8	9	10	11	12	13	14	15	16	17	18	19	20	21	22	23	24
마 태 복 음	1	2	3	4	5	6	7	8	9	10	11	12	13	14	15	16	17	18	19	20	21	22	23	24
	25	26	27	28																				
마 가 복 음	1	2	3	4	5	6	7	8	9	10	11	12	13	14	15	16								
누 가 복 음	1	2	3	4	5	6	7	8	9	10	11	12	13	14	15	16	17	18	19	20	21	22	23	24
요 한 복 음	1	2	3	4	5	6	7	8	9	10	11	12	13	14	15	16	17	18	19	20	21			
사 도 행 전	1	2	3	4	5	6	7	8	9	10	11	12	13	14	15	16	17	18	19	20	21	22	23	24
	25	26	27	28																				
로 마 서	1	2	3	4	5	6	7	8	9	10	11	12	13	14	15	16								
고 린 도 전 서	1	2	3	4	5	6	7	8	9	10	11	12	13	14	15	16								
고 린 도 후 서	1	2	3	4	5	6	7	8	9	10	11	12	13											
갈 라 디 아 서	1	2	3	4	5	6																		
에 베 소 서	1	2	3	4	5	6																		
빌 립 보 서	1	2	3	4																				
골 로 새 서	1	2	3	4																				
데살로니가전서	1	2	3	4	5																			
데살로니가후서	1	2	3																					
디 모 데 전 서	1	2	3	4	5	6																		
디 모 데 후 서	1	2	3	4																				
디 도 서	1	2	3																					
빌 레 몬 서	1																							
히 브 리 서	1	2	3	4	5	6	7	8	9	10	11	12	13											
야 고 보 서	1	2	3	4	5																			
베 드 로 전 서	1	2	3	4	5																			
베 드 로 후 서	1	2	3																					
요 한 일 서	1	2	3	4	5																			
요 한 이 서	1																							
요 한 삼 서	1																							
유 다 서	1																							
요 한 계 시 록	1	2	3	4	5	6	7	8	9	10	11	12	13	14	15	16	17	18	19	20	21	22		

멘토링노트 QT 활용법!

「멘토링노트 QT」는 삶이 변화되고 영혼이 살아나는 큐티 전용 노트입니다. 개인의 깊이 있는 성경묵상과 큐티 나눔을 통한 공동체의 관계적 형성이 가능하도록 다음과 같이 새롭게 구성되었습니다.

1. 성경구절 Bible Verse

깊이 있는 묵상을 위해 하루에 너무 많은 성경구절을 설정하지 말고, 성경 문단의 단락별로 묵상할 성경구절을 설정하는 것이 좋습니다. 또한 큐티를 위한 어떤 도움말보다도 성경 본문에 가장 집중할 수 있도록 해야 합니다. 옆에 큐티를 돕는 다른 내용들을 보기 전에 성경 본문을 여러 번 경건하게 읽어주시기 바랍니다.

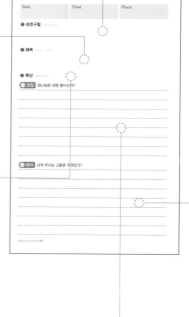

2. 제목 Today's Title

그 날의 성경 본문 중에서 묵상에 도움이 될 수 있는 핵심적인 어휘를 찾아내서 그 날의 큐티 제목으로 기록합니다. 자신이 직접 경건한 읽기를 통해서 발견한 핵심 어휘를 깊이 묵상하여 제목을 설정하시기 바랍니다.

3. 묵상 Meditation

성경에 기록된 하나님의 말씀이 지금 현 시대를 살고 있는 우리들의 삶에 어떻게 역사하시는 지에 대한 기대감으로 묵상하는 큐티는, 바로 그 하나님을 만나고 그분의 역사하시는 현장을 경험하는 놀라운 시간입니다.

4. [관찰] 하나님은 어떤 분이신가?

관찰과 스스로의 질문을 통해 오늘 성경 본문의 내용 중에서 중요한 내용을 파악할 수 있는 관찰력이 필요

합니다. 그 관찰력을 통하여 우리 하나님의 속성을 파악하고, 하나님을 닮아가기 위한 놀라운 시간이 바로 큐티입니다.

5. [해석] 내게 주시는 교훈은 무엇인가?

성경 본문 연구와 묵상 질문을 통한 해석은 성경 본문을 더욱 깊이 있게 이해하고 묵상하여, 내게 주시는 하나님의 말씀으로 교훈을 얻어서, 오늘 하루를 살아가는 놀라운 힘을 얻게 됩니다.

6. [적용] 나의 삶에 어떻게 적용할 것인가?

스스로의 적용을 통해 삶 가운데 말씀을 구체적으로 적용할 수 있도록 해야 합니다. 적용을 통해서 얻어진 결심과 결단을 삶 가운데 구체적으로 실천할 수 있도록 해야만 합니다. "적용 없는 큐티는 생명 없는 조화(造花)"와 같습니다.

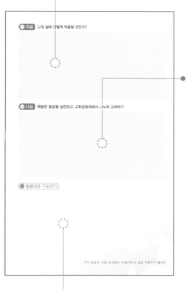

7. [나눔] 깨달은 말씀을 실천하고, 교회공동체에서 나누며 교제하기

막연하고 실천 가능성이 없는 계획이 아니라 오늘의 삶에 실천 가능한 구체적인 적용 목표를 설정할 수 있고, 설정한 그 목표를 실천할 수 있는 구체적인 방법들을 적어보아야 합니다. 아울러 자신에게 주신 하나님의 말씀을 교회공동체에서 여러 사람들과 나누면서 함께 세워주고, 교제할 수 있도록 노력해야 합니다.

8. 말씀대로 기도하기

오늘 묵상한 하나님의 말씀에서 찾은 기도제목을 적고, 나의 연약함을 긍휼히 여겨달라고 고백하며, 내게 주신 하나님의 말씀이 주님의 뜻 안에서 그대로 이루어질 것을 믿고 간절히 기도합니다.

Date	Time	Place

● **성경구절** Bible Verse

● **제목** Today's Title

● **묵상** Meditation

⬤ 관찰 하나님은 어떤 분이신가?

⬤ 해석 내게 주시는 교훈은 무엇인가?

● 적용 나의 삶에 어떻게 적용할 것인가?

● 나눔 깨달은 말씀을 실천하고, 교회공동체에서 나누며 교제하기

● 말씀대로 기도하기

주의 말씀은 나를 안내하는 등불이며 내 길을 비춰주는 빛이다.

Date	Time	Place

● **성경구절** Bible Verse

● **제목** Today's Title

● **묵상** Meditation

◉ **관찰** 하나님은 어떤 분이신가?

◉ **해석** 내게 주시는 교훈은 무엇인가?

적용 나의 삶에 어떻게 적용할 것인가?

나눔 깨달은 말씀을 실천하고, 교회공동체에서 나누며 교제하기

말씀대로 기도하기

말씀으로 붙잡지 않으면, 내 마음은 어느새 불신앙의 들판에서 방황한다.

Date	Time	Place

● **성경구절** Bible Verse

● **제목** Today's Title

● **묵상** Meditation

관찰 하나님은 어떤 분이신가?

_____

_____

_____

_____

_____

_____

해석 내게 주시는 교훈은 무엇인가?

_____

_____

_____

_____

_____

_____

_____

적용 나의 삶에 어떻게 적용할 것인가?

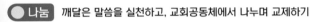 **나눔** 깨달은 말씀을 실천하고, 교회공동체에서 나누며 교제하기

말씀대로 기도하기

아름다워지려면, '말씀'의 비누로 세상에서 묻은 먼지를 말끔히 닦아내라.

Date	Time	Place

◈ 성경구절 Bible Verse

◈ 제목 Today's Title

◈ 묵상 Meditation

○ 관찰 하나님은 어떤 분이신가?

_____
_____
_____
_____
_____
_____
_____

○ 해석 내게 주시는 교훈은 무엇인가?

_____
_____
_____
_____
_____
_____
_____

 **적용** 나의 삶에 어떻게 적용할 것인가?

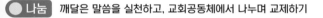 **나눔** 깨달은 말씀을 실천하고, 교회공동체에서 나누며 교제하기

● 말씀대로 기도하기

Great peace have they who love your law,
and nothing can make them stumble. Psalms 119:165

Date	Time	Place

● **성경구절** Bible Verse

● **제목** Today's Title

● **묵상** Meditation

관찰 하나님은 어떤 분이신가?

해석 내게 주시는 교훈은 무엇인가?

적용 나의 삶에 어떻게 적용할 것인가?

나눔 깨달은 말씀을 실천하고, 교회공동체에서 나누며 교제하기

말씀대로 기도하기

Like newborn babies, crave pure spiritual milk,
so that by it you may grow up in your salvation. *1 Peter 2:2*

Date	Time	Place

● **성경구절** Bible Verse

● **제목** Today's Title

● **묵상** Meditation

◯ **관찰**　하나님은 어떤 분이신가?

◯ **해석**　내게 주시는 교훈은 무엇인가?

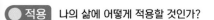 **적용** 나의 삶에 어떻게 적용할 것인가?

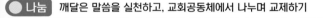 **나눔** 깨달은 말씀을 실천하고, 교회공동체에서 나누며 교제하기

● 말씀대로 기도하기

Date	Time	Place

● **성경구절** Bible Verse

● **제목** Today's Title

● **묵상** Meditation

◯ 관찰 하나님은 어떤 분이신가?

◯ 해석 내게 주시는 교훈은 무엇인가?

적용 나의 삶에 어떻게 적용할 것인가?

나눔 깨달은 말씀을 실천하고, 교회공동체에서 나누며 교제하기

● 말씀대로 기도하기

예수께서 이르시되 오히려 하나님의 말씀을 듣고 지키는 자가 복이 있느니라 하시니라. *누가복음 11:28*

Date	Time	Place

● **성경구절** Bible Verse

● **제목** Today's Title

● **묵상** Meditation

◯ 관찰 │ 하나님은 어떤 분이신가?

◯ 해석 │ 내게 주시는 교훈은 무엇인가?

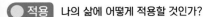 **적용** 나의 삶에 어떻게 적용할 것인가?

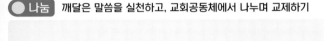 **나눔** 깨달은 말씀을 실천하고, 교회공동체에서 나누며 교제하기

● 말씀대로 기도하기

내가 주의 법을 어찌 그리 사랑하는지요 내가 그것을 종일 묵상하나이다. *시편 119:97*

Date	Time	Place

● 성경구절 Bible Verse

● 제목 Today's Title

● 묵상 Meditation

관찰 하나님은 어떤 분이신가?

해석 내게 주시는 교훈은 무엇인가?

● 적용 나의 삶에 어떻게 적용할 것인가?

● 나눔 깨달은 말씀을 실천하고, 교회공동체에서 나누며 교제하기

● 말씀대로 기도하기

너희가 내 안에 거하고 내 말이 너희 안에 거하면
무엇이든지 원하는 대로 구하라 그리하면 이루리라. *요한복음 15:7*

Date	Time	Place

● **성경구절** Bible Verse

● **제목** Today's Title

● **묵상** Meditation

관찰 하나님은 어떤 분이신가?

_____

_____

_____

_____

_____

_____

해석 내게 주시는 교훈은 무엇인가?

_____

_____

_____

_____

_____

_____

_____

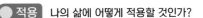 **적용** 나의 삶에 어떻게 적용할 것인가?

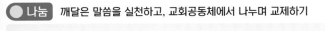 **나눔** 깨달은 말씀을 실천하고, 교회공동체에서 나누며 교제하기

● 말씀대로 기도하기

성경은 살아 계신 하나님의 정확무오하신 말씀이다.

Date	Time	Place

⬢ 성경구절 Bible Verse

⬢ 제목 Today's Title

⬢ 묵상 Meditation

관찰 하나님은 어떤 분이신가?

해석 내게 주시는 교훈은 무엇인가?

적용 나의 삶에 어떻게 적용할 것인가?

나눔 깨달은 말씀을 실천하고, 교회공동체에서 나누며 교제하기

말씀대로 기도하기

하나님의 도는 완전하고, 여호와의 말씀은 순수하다.

Date	Time	Place

● **성경구절** Bible Verse

● **제목** Today's Title

● **묵상** Meditation

관찰 하나님은 어떤 분이신가?

해석 내게 주시는 교훈은 무엇인가?

적용 나의 삶에 어떻게 적용할 것인가?

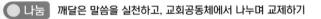 **나눔** 깨달은 말씀을 실천하고, 교회공동체에서 나누며 교제하기

 말씀대로 기도하기

성경은 그 말씀을 의지하고 살아가는 인생의 절대 지침서이다.

Date	Time	Place

● **성경구절** Bible Verse

● **제목** Today's Title

● **묵상** Meditation

관찰 하나님은 어떤 분이신가?

해석 내게 주시는 교훈은 무엇인가?

 적용 나의 삶에 어떻게 적용할 것인가?

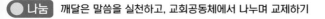 나눔 깨달은 말씀을 실천하고, 교회공동체에서 나누며 교제하기

● 말씀대로 기도하기

All Scripture is God-breathed and is useful for teaching,
rebuking, correcting and training in righteousness. *2 Timothy 3:16*

Date	Time	Place

● 성경구절 Bible Verse

● 제목 Today's Title

● 묵상 Meditation

관찰 하나님은 어떤 분이신가?

_____

_____

_____

_____

_____

_____

_____

해석 내게 주시는 교훈은 무엇인가?

_____

_____

_____

_____

_____

_____

_____

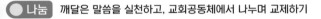 적용 나의 삶에 어떻게 적용할 것인가?

● 나눔 깨달은 말씀을 실천하고, 교회공동체에서 나누며 교제하기

● 말씀대로 기도하기

Date	Time	Place

● **성경구절** Bible Verse

● **제목** Today's Title

● **묵상** Meditation

⬤ 관찰 하나님은 어떤 분이신가?

⬤ 해석 내게 주시는 교훈은 무엇인가?

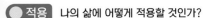 **적용** 나의 삶에 어떻게 적용할 것인가?

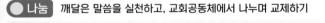 **나눔** 깨달은 말씀을 실천하고, 교회공동체에서 나누며 교제하기

● 말씀대로 기도하기

If he called them 'gods,' to whom the word of God came-and the Scripture cannot be broken. *John 10:35*

Date	Time	Place

● 성경구절 Bible Verse

● 제목 Today's Title

● 묵상 Meditation

관찰 하나님은 어떤 분이신가?

_____

_____

_____

_____

_____

_____

해석 내게 주시는 교훈은 무엇인가?

_____

_____

_____

_____

_____

_____

● **적용** 나의 삶에 어떻게 적용할 것인가?

● **나눔** 깨달은 말씀을 실천하고, 교회공동체에서 나누며 교제하기

● 말씀대로 기도하기

이 율법책을 네 입에서 떠나지 말게 하며 주야로 그것을 묵상하여
그 안에 기록된 대로 다 지켜 행하라. *여호수아 1:8*

Date	Time	Place

● **성경구절** Bible Verse

● **제목** Today's Title

● **묵상** Meditation

관찰 하나님은 어떤 분이신가?

_____

_____

_____

_____

_____

_____

해석 내게 주시는 교훈은 무엇인가?

_____

_____

_____

_____

_____

_____

● 나눔 깨달은 말씀을 실천하고, 교회공동체에서 나누며 교제하기

● 말씀대로 기도하기

오늘 내가 네게 명하는 이 말씀을 너는 마음에 새겨라. *신명기 6:6*

Date	Time	Place

● **성경구절** Bible Verse

● **제목** Today's Title

● **묵상** Meditation

관찰 하나님은 어떤 분이신가?

해석 내게 주시는 교훈은 무엇인가?

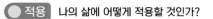 **적용** 나의 삶에 어떻게 적용할 것인가?

나눔 깨달은 말씀을 실천하고, 교회공동체에서 나누며 교제하기

말씀대로 기도하기

주의 말씀은 내 발에 등이요 내 길에 빛이니이다. *시편 119:105*

Date	Time	Place

● **성경구절** Bible Verse

● **제목** Today's Title

● **묵상** Meditation

관찰 하나님은 어떤 분이신가?

_____

_____

_____

_____

_____

_____

해석 내게 주시는 교훈은 무엇인가?

_____

_____

_____

_____

_____

_____

적용 나의 삶에 어떻게 적용할 것인가?

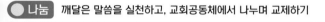

나눔 깨달은 말씀을 실천하고, 교회공동체에서 나누며 교제하기

● 말씀대로 기도하기

말씀의 의식화는 "오직 묵상"으로만 가능하다!

Date	Time	Place

● **성경구절** Bible Verse

● **제목** Today's Title

● **묵상** Meditation

관찰 하나님은 어떤 분이신가?

해석 내게 주시는 교훈은 무엇인가?

적용 나의 삶에 어떻게 적용할 것인가?

 깨달은 말씀을 실천하고, 교회공동체에서 나누며 교제하기

● 말씀대로 기도하기

성경묵상은 가정에 기쁨과 감사를 넘치게 한다.

Date	Time	Place

● **성경구절** Bible Verse

● **제목** Today's Title

● **묵상** Meditation

관찰 하나님은 어떤 분이신가?

_____

_____

_____

_____

_____

_____

_____

해석 내게 주시는 교훈은 무엇인가?

_____

_____

_____

_____

_____

_____

_____

적용 나의 삶에 어떻게 적용할 것인가?

나눔 깨달은 말씀을 실천하고, 교회공동체에서 나누며 교제하기

말씀대로 기도하기

하나님과의 교제가 없는 하루하루는 그 자체가 삶의 덫이다.

Date	Time	Place

● **성경구절** Bible Verse

● **제목** Today's Title

● **묵상** Meditation

〔 ● **관찰** 〕 하나님은 어떤 분이신가?

_____

_____

_____

_____

_____

_____

〔 ● **해석** 〕 내게 주시는 교훈은 무엇인가?

_____

_____

_____

_____

_____

_____

_____

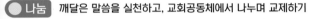

적용 나의 삶에 어떻게 적용할 것인가?

나눔 깨달은 말씀을 실천하고, 교회공동체에서 나누며 교제하기

말씀대로 기도하기

Date	Time	Place

⬢ **성경구절** Bible Verse

⬢ **제목** Today's Title

⬢ **묵상** Meditation

◯ **관찰** 하나님은 어떤 분이신가?

_____

_____

_____

_____

_____

_____

_____

◯ **해석** 내게 주시는 교훈은 무엇인가?

_____

_____

_____

_____

_____

_____

_____

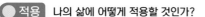

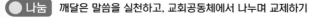 나눔 깨달은 말씀을 실천하고, 교회공동체에서 나누며 교제하기

● 말씀대로 기도하기

Date	Time	Place

● 성경구절 Bible Verse

● 제목 Today's Title

● 묵상 Meditation

관찰 하나님은 어떤 분이신가?

_____

_____

_____

_____

_____

_____

해석 내게 주시는 교훈은 무엇인가?

_____

_____

_____

_____

_____

_____

_____

적용 나의 삶에 어떻게 적용할 것인가?

나눔 깨달은 말씀을 실천하고, 교회공동체에서 나누며 교제하기

말씀대로 기도하기

Let me understand the teaching of your precepts;
then I will meditate on your wonders. *Psalms 119:27*

Date	Time	Place

● **성경구절** Bible Verse

● **제목** Today's Title

● **묵상** Meditation

관찰 하나님은 어떤 분이신가?

_____

_____

_____

_____

_____

_____

해석 내게 주시는 교훈은 무엇인가?

_____

_____

_____

_____

_____

_____

_____

● 적용 나의 삶에 어떻게 적용할 것인가?

● 나눔 깨달은 말씀을 실천하고, 교회공동체에서 나누며 교제하기

● 말씀대로 기도하기

이에 모세와 모든 선지자의 글로 시작하여 모든 성경에 쓴 바
자기에 관한 것을 자세히 설명하시니라. 누가복음 24:27

Date	Time	Place

● **성경구절** Bible Verse

● **제목** Today's Title

● **묵상** Meditation

관찰 하나님은 어떤 분이신가?

해석 내게 주시는 교훈은 무엇인가?

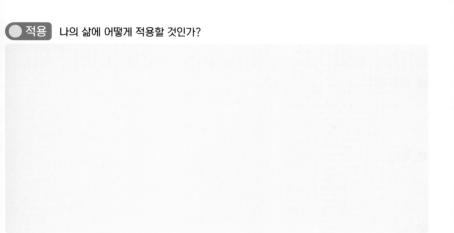

적용 나의 삶에 어떻게 적용할 것인가?

나눔 깨달은 말씀을 실천하고, 교회공동체에서 나누며 교제하기

말씀대로 기도하기

너희가 성경에서 영생을 얻는 줄 생각하고 성경을 연구하거니와
이 성경이 곧 내게 대하여 증언하는 것이니라.　요한복음 5:39

Date	Time	Place

● **성경구절** Bible Verse

● **제목** Today's Title

● **묵상** Meditation

○ 관찰　하나님은 어떤 분이신가?

○ 해석　내게 주시는 교훈은 무엇인가?

적용 나의 삶에 어떻게 적용할 것인가?

나눔 깨달은 말씀을 실천하고, 교회공동체에서 나누며 교제하기

말씀대로 기도하기

간절한 마음으로 말씀을 받고 이것이 그러한가 하여 날마다 성경을 상고하더라. 사도행전 17:11

Date	Time	Place

● **성경구절** Bible Verse

● **제목** Today's Title

● **묵상** Meditation

> **관찰** 하나님은 어떤 분이신가?

> **해석** 내게 주시는 교훈은 무엇인가?

적용 나의 삶에 어떻게 적용할 것인가?

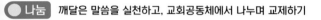 **나눔** 깨달은 말씀을 실천하고, 교회공동체에서 나누며 교제하기

말씀대로 기도하기

말씀 충만한 삶이란, 주님과의 친밀한 관계가 삶에 나타나는 것이다.

Date	Time	Place

● **성경구절** Bible Verse

● **제목** Today's Title

● **묵상** Meditation

관찰 하나님은 어떤 분이신가?

_____

_____

_____

_____

_____

_____

해석 내게 주시는 교훈은 무엇인가?

_____

_____

_____

_____

_____

_____

_____

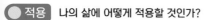 **적용** 나의 삶에 어떻게 적용할 것인가?

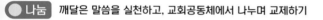 **나눔** 깨달은 말씀을 실천하고, 교회공동체에서 나누며 교제하기

● 말씀대로 기도하기

"하나님께 열심"보다 귀한 것은, "하나님의 말씀에 대한 순종"이다.

Date	Time	Place

● **성경구절** Bible Verse

● **제목** Today's Title

● **묵상** Meditation

관찰 하나님은 어떤 분이신가?

_____

_____

_____

_____

_____

_____

_____

해석 내게 주시는 교훈은 무엇인가?

_____

_____

_____

_____

_____

_____

_____

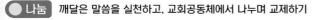 적용 나의 삶에 어떻게 적용할 것인가?

나눔 깨달은 말씀을 실천하고, 교회공동체에서 나누며 교제하기

말씀대로 기도하기

말씀과 기도는 영혼의 호흡입니다!

Date	Time	Place

● **성경구절** Bible Verse

● **제목** Today's Title

● **묵상** Meditation

◯ 관찰   하나님은 어떤 분이신가?

◯ 해석   내게 주시는 교훈은 무엇인가?

● 나눔   깨달은 말씀을 실천하고, 교회공동체에서 나누며 교제하기

● 말씀대로 기도하기

Date	Time	Place

● **성경구절** Bible Verse

● **제목** Today's Title

● **묵상** Meditation

관찰 하나님은 어떤 분이신가?

해석 내게 주시는 교훈은 무엇인가?

● **적용** 나의 삶에 어떻게 적용할 것인가?

● **나눔** 깨달은 말씀을 실천하고, 교회공동체에서 나누며 교제하기

● 말씀대로 기도하기

For what I received I passed on to you as of first importance:
that Christ died for our sins according to the Scriptures. *1 Corinthians 15:3*

Date	Time	Place

● **성경구절** Bible Verse

● **제목** Today's Title

● **묵상** Meditation

관찰 하나님은 어떤 분이신가?

_____

_____

_____

_____

_____

_____

해석 내게 주시는 교훈은 무엇인가?

_____

_____

_____

_____

_____

_____

적용 나의 삶에 어떻게 적용할 것인가?

나눔 깨달은 말씀을 실천하고, 교회공동체에서 나누며 교제하기

● 말씀대로 기도하기

Date	Time	Place

● **성경구절** Bible Verse

● **제목** Today's Title

● **묵상** Meditation

[**관찰**] 하나님은 어떤 분이신가?

[**해석**] 내게 주시는 교훈은 무엇인가?

● 적용   나의 삶에 어떻게 적용할 것인가?

● 나눔   깨달은 말씀을 실천하고, 교회공동체에서 나누며 교제하기

● 말씀대로 기도하기

성경은 능히 너로 하여금 그리스도 예수 안에 있는 믿음으로 말미암아
구원에 이르는 지혜가 있게 하느니라. *디모데후서 3:15*

Date	Time	Place

● **성경구절** Bible Verse

● **제목** Today's Title

● **묵상** Meditation

관찰 하나님은 어떤 분이신가?

_____

_____

_____

_____

_____

_____

해석 내게 주시는 교훈은 무엇인가?

_____

_____

_____

_____

_____

_____

● 적용   나의 삶에 어떻게 적용할 것인가?

● 나눔   깨달은 말씀을 실천하고, 교회공동체에서 나누며 교제하기

● 말씀대로 기도하기

모든 성경은 하나님의 감동으로 된 것으로
교훈과 책망과 바르게 함과 의로 교육하기에 유익하니라. 디모데후서 3:16

Date	Time	Place

● **성경구절** Bible Verse

● **제목** Today's Title

● **묵상** Meditation

● 관찰 하나님은 어떤 분이신가?

● 해석 내게 주시는 교훈은 무엇인가?

적용 나의 삶에 어떻게 적용할 것인가?

나눔 깨달은 말씀을 실천하고, 교회공동체에서 나누며 교제하기

말씀대로 기도하기

무식한 자들과 굳세지 못한 자들이 다른 성경과 같이
그것도 억지로 풀다가 스스로 멸망에 이르느니라. *베드로후서 3:16*

● **성경구절** Bible Verse

● **제목** Today's Title

● **묵상** Meditation

관찰 하나님은 어떤 분이신가?

해석 내게 주시는 교훈은 무엇인가?

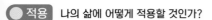 나의 삶에 어떻게 적용할 것인가?

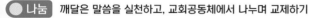 깨달은 말씀을 실천하고, 교회공동체에서 나누며 교제하기

● 말씀대로 기도하기

반드시 다시 오시는 주님의 날까지, 말씀과 기도를 끊이지 않아야 한다.

Date	Time	Place

● **성경구절** Bible Verse

● **제목** Today's Title

● **묵상** Meditation

관찰 하나님은 어떤 분이신가?

해석 내게 주시는 교훈은 무엇인가?

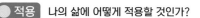 **적용** 나의 삶에 어떻게 적용할 것인가?

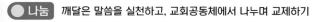 **나눔** 깨달은 말씀을 실천하고, 교회공동체에서 나누며 교제하기

● 말씀대로 기도하기

하나님께서는 일용할 양식을 주신다. 단, 가공되지 않은 재료로 주신다.

Date	Time	Place

● **성경구절** Bible Verse

● **제목** Today's Title

● **묵상** Meditation

○ 관찰 하나님은 어떤 분이신가?

○ 해석 내게 주시는 교훈은 무엇인가?

말씀대로 기도하기

Date	Time	Place

◉ **성경구절** Bible Verse

◉ **제목** Today's Title

◉ **묵상** Meditation

⬤ 관찰 │ 하나님은 어떤 분이신가?

⬤ 해석 │ 내게 주시는 교훈은 무엇인가?

적용 나의 삶에 어떻게 적용할 것인가?

나눔 깨달은 말씀을 실천하고, 교회공동체에서 나누며 교제하기

말씀대로 기도하기

For the message of the cross is foolishness to those who are perishing,
but to us who are being saved it is the power of God. *1 Corinthians 1:18*

Date	Time	Place

● **성경구절** Bible Verse

● **제목** Today's Title

● **묵상** Meditation

관찰 하나님은 어떤 분이신가?

해석 내게 주시는 교훈은 무엇인가?

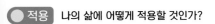 **적용** 나의 삶에 어떻게 적용할 것인가?

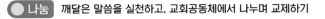 **나눔** 깨달은 말씀을 실천하고, 교회공동체에서 나누며 교제하기

말씀대로 기도하기

Date	Time	Place

● **성경구절** Bible Verse

● **제목** Today's Title

● **묵상** Meditation

( ) **관찰** 하나님은 어떤 분이신가?

( ) **해석** 내게 주시는 교훈은 무엇인가?

 **적용** 나의 삶에 어떻게 적용할 것인가?

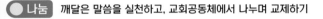 **나눔** 깨달은 말씀을 실천하고, 교회공동체에서 나누며 교제하기

● 말씀대로 기도하기

Great peace have they who love your law, and nothing can make them stumble. *Psalms 119:165*

Date	Time	Place

● **성경구절** Bible Verse

● **제목** Today's Title

● **묵상** Meditation

◯ 관찰 하나님은 어떤 분이신가?

◯ 해석 내게 주시는 교훈은 무엇인가?

● 적용 나의 삶에 어떻게 적용할 것인가?

● 나눔 깨달은 말씀을 실천하고, 교회공동체에서 나누며 교제하기

● 말씀대로 기도하기

내 눈을 열어서 주의 율법에서 놀라운 것을 보게 하소서! *시편 119:18*

깊은 성경묵상을 위한 전제와 이유!

● 성경묵상의 전제

하나님의 도는 완전하고, 여호와의 말씀은 순수하다!
모든 성경은 하나님의 감동으로 된 것이기 때문에
성경은 살아 계신 하나님의 정확무오하신 말씀이다!

(시 18:30, 딤후 3:16, 계 22:18-19)

● 성경묵상의 이유

1. 하나님을 알기 위하여
2. 하나님의 뜻을 순종하기 위하여
3. 형통한 삶을 살기 위하여
4. 영과 육의 건강한 삶을 위하여
5. 화목하고 활력 있는 공동체를 위하여
6. 사회에 영향력 있는 삶을 위하여

묵상은 삶이다!
Meditate on Bible Day and Night

멘토링노트 QT

펴낸날 │ 초판 1쇄 인쇄 2019. 7. 15
　　　　　초판 1쇄 발행 2019. 7. 30
펴낸곳 │ 솔라피데출판사
펴낸이 │ 이원우　　　　　엮은이 │ 편집부
주 소 │ 경기도 파주시 문발로 123 파주출판도시
T E L │ 031-992-8692　　　Email │ vsbook@hanmail.net
등록번호 │ 제10-1452호
공급처 │ 솔라피데출판유통
T E L │ 031-992-8691　　　F A X │ 031-955-4433

Copyright © 2019 SolaFideBooks　　Printed in Korea
■ 잘못 만들어진 책은 바꾸어 드립니다.

ISBN 978-89-5750-111-5 / 값 3,000원 / QT
ISBN 978-89-5750-112-2 / 값 3,000원 / 기도
ISBN 978-89-5750-113-9 / 값 3,000원 / 설교
ISBN 978-89-5750-114-6 / 값 3,000원 / 전도
ISBN 978-89-5750-115-3 / 값 3,000원 / 감사
ISBN 978-89-5750-116-0 / 값 2,000원 / 프리노트